PENSAMIENTO POSITIVO

Guía Práctica Para Superar El Pensamiento Negativo Y Ser Más Feliz

(El Arte De Cambiar Tu Pensamiento De Negativo A Positivo)

Licio Romo

Publicado Por Daniel Heath

© **Licio Romo**

Todos los derechos reservados

Pensamiento Positivo: Guía Práctica Para Superar El Pensamiento Negativo Y Ser Más Feliz (El Arte De Cambiar Tu Pensamiento De Negativo A Positivo)

ISBN 978-1-989808-66-5

Este documento está orientado a proporcionar información exacta y confiable con respecto al tema y asunto que trata. La publicación se vende con la idea de que el editor no esté obligado a prestar contabilidad, permitida oficialmente, u otros servicios cualificados. Si se necesita asesoramiento, legal o profesional, debería solicitar a una persona con experiencia en la profesión.

Desde una Declaración de Principios aceptada y aprobada tanto por un comité de la American Bar Association (el Colegio de Abogados de Estados Unidos) como por un comité de editores y asociaciones.

No se permite la reproducción, duplicado o transmisión de cualquier parte de este documento en cualquier medio electrónico o formato impreso. Se prohíbe de forma estricta la grabación de esta publicación así como tampoco se permite cualquier almacenamiento de este documento sin permiso escrito del editor. Todos los derechos reservados.

Se establece que la información que contiene este documento es veraz y coherente, ya que cualquier responsabilidad, en términos de falta de atención o de otro tipo, por el uso o abuso de cualquier política, proceso o dirección contenida en este documento será responsabilidad exclusiva y absoluta del lector receptor. Bajo ninguna circunstancia se hará responsable o culpable de forma legal al editor por cualquier reparación, daños o pérdida monetaria debido a la información aquí contenida, ya sea de forma directa o indirectamente.

Los respectivos autores son propietarios de todos los derechos de autor que no están en posesión del editor.

La información aquí contenida se ofrece únicamente con fines informativos y, como tal, es universal. La presentación de la información se realiza sin contrato ni ningún tipo de garantía.

Las marcas registradas utilizadas son sin ningún tipo de consentimiento y la publicación de la marca registrada es sin el permiso o respaldo del propietario de esta. Todas las marcas registradas y demás marcas incluidas en este libro son solo para fines de aclaración y son propiedad de los mismos propietarios, no están afiliadas a este documento.

TABLA DE CONTENIDO

Parte 1 1

Introducción 2

Esto Es Lo Que Quiero Que Responda Al Finalizar Este Libro.. 4

¿Qué Es Pensar Positivo Y Cuál Es Su Importancia? 5

Entendiendo Su Patrón De Pensamiento E Identidad .. 7

Cómo Los Pensamientos Negativos Se Expresan En Sus Mentes 13

¿Qué No Hacer? 15

Cómo Adoptar Esta Actitud Hoy. 23

Estrategia A Largo Plazo 29

Plan De Acción... 32

Estas Cinco Comprenden Los Secretos Secretos Del Éxito... 32
Ahora, Escriba Exactamente Lo Que Cree Que Está Impidiendo Que Alcance El Éxito. 33
El Área Intermedia. 34
Persistencia. 34

Libro De Trabajo 37

Comienzo Rápido – Hoja De Trucos Para Momentum 37

Conclusión 44

Parte 2 45

Introducción 46

Vive Para El Mañana 47
Aprende De Tu Dolor 51
Reivindica La Energía Negativa 57
El Pensamiento Negativo Y Sus Efectos En Tu Mente ... 57
El Pensamiento Positivo Y Sus Efectos En Tu Mente 60
Cómo Aumentar El Pensamiento Positivo En Tu Vida .. 63
Pensamiento Positivo Y Nuestra Rutina De Fitness. 64
Refuerzo Positivo 64
Tomar La Carga 66
Enfoque Fuera 67
La Mentalidad De Víctima. **Error! Bookmark not defined.**

Conclusión 80

Parte 1

Introducción

En este poderoso libro trataré y lograré cambiar la forma en la que ve su vida y el mundo en general. Le llevaré de la mano y le regalaré una visión nueva. Una vez entienda la temática y principio de este libro, y aplique los cambios mentales que se mencionan, su vida no podrá ser ni será la misma. Le puedo prometer aquello si mantiene una mente abierta a lo que está escrito. Una vez termine con este libro sabrá exactamente cómo conquistar el mundo. Tendrá energías renovadas y motivación para obtener todo lo que quiera. Haré de este libro algo corto, aunque sea el más perezoso de los lectores. Quiero asegurarme de que lea y entienda, y más importante aún, que aplique la información. Si puede manejar sus pensamientos y sentimientos o emociones que forman parte de ellos, tendrá el mundo a sus pies. Imagine que se le ha dado un rol en una película. Debe actuar como el personaje, si es el villano, deberá hacer ciertas cosas propias de villano. Aunque en la vida real sea una persona maravillosa e increíble, en este particular momento es su trabajo herir a personas buenas, traicionar y apuñalar.

Así que, "¿cómo se relaciona esto con usted y con el tema de pensar positivo?" Se preguntará.

Bueno, la vida es una gran película, y usted es un personaje en ella.

A diferencia de una película, usted puede definir su personaje. Esta es su identidad. Su imagen en el mundo. La lleva consigo en su vida diaria. Si no está obteniendo lo que quiere en la vida, entonces no le sirve. En este libro veremos cómo ha formado esa imagen, y cómo cambiarla para lograr sus objetivos. Cambiar puede requerir que actúe fuera de personaje. Así que deberá crear una nueva imagen que llamaremos su 'identidad', o, aún mejor, deberá actuar fuera de personaje, imponiendo nuevos comportamientos y emociones.

Esto es lo que quiero que responda al finalizar este libro.

No es prevenir sentimientos negativos; ni tampoco pensar cosas positivas.

¿Qué historias se relata a sí mismo y cómo forman su identidad?

¿Por qué debe olvidar todo respecto a sus pensamientos?

¿Cómo su modelo encaja con su realidad?

- ¿Por qué manejar sus pensamientos es un estilo de vida y no algo que debe hacer en un momento de conflicto?

¿Qué es pensar positivo y cuál es su importancia?

El pensamiento positivo es enfocar la actitud mental y emocional en el lado bueno de la vida, esperando los resultados u objetivos que quiere alcanzar.

Debe entenderse que el pensar positivo no quiere decir "pensar positivo" en relación a la polaridad. Tampoco significa el juzgar positivo o negativo. Tiene que ver con lo que está intentando obtener. Pensar manteniendo la mirada en el objetivo. No cualquier objetivo, sino que uno que le motive más allá de un nivel de gratificación inmediata.

La mentalidad optimista le permite ver la vida como es. Es el significado de la realidad. Permite distinguir lo que es y lo que no es relevante en cierta circunstancia. Es la perspectiva general de la vida.

El establecer un gol en la vida es un proceso. Usualmente nos ponemos un límite de tiempo para llegar a él. Un año, por ejemplo, y luego evaluamos si lo logramos o no (siempre y cuando recordemos evaluarlo). Olvidamos entonces que lograr un objetivo no es un gran acontecimiento. No es una alfombra roja. Esto también ocurre con los objetivos de crecimiento personal. Debe verlo un paso a la vez. Un mecanismo de reloj. Segundo a Segundo. Minuto a minuto. Día a día. Semana a semana. Mes a mes. Año a año. Es una especie de maratón y lo más frustrante es que no constituye sólo una: existen varias en áreas diferentes. Eso es la vida, amigo. La vida.

Entender el Pensamiento Positivo y aplicarlo no solo le hará disfrutar más la vida, pero la facilitará de innumerables maneras. Estas incluyen:

Deshacerse de los problemas y ansiedades creados por la mente.

Crear una mentalidad libre de preocupaciones y aumentar su felicidad.

Experimentar una energía renovada y motivación para alcanzar lo que quiere; y ese impulso interior que le hace saber que

puede llegar a toda meta.
Crear autoconfianza digna de una superestrella.
Aceptar sus responsabilidades personales y que constituye la causa en vez del efecto.
Sus sentimientos de insuficiencia se evaporarán.
Liberarse de la preocupación por su rendimiento.
- Liberarse de la preocupación por cosas que están fuera de su control.
- Liberarse de la preocupación por la actitud de otros.

Si es apasionado por la vida y cava más allá de la superficie, puede fácil y rápidamente crear esta actitud, hoy y ahora.

Entendiendo su patrón de pensamiento e identidad

"Lo único que le impide llegar a lo que quiere es relatar a usted mismo la historia de por qué no puede obtenerlo."– Tony Robbins

Su mente es como un imán. Mientras vive, atrae ideas, lecciones y comportamientos que forman su plano interno. Como dijimos anteriormente, esta es su identidad.

Su identidad es una imagen de usted en el mundo. Si esta imagen es de un individuo fuerte, un ganador, una persona a cargo de su vida, la forma en la que se muestre será la de un individuo fuerte. Energético. Motivado. Seguro. Una persona que permite que cosas ocurran. Sus pensamientos significan algo diferente.

Ahora, si está leyendo este libro, se puede asumir que tiene sus propios demonios mentales. Imagine una imagen propia en el mundo. ¿Cómo se ve? Son las limitaciones autoimpuestas las que sabotean sus deseos e impiden que alcance sus metas. ¿Qué clase de persona representa en sus ojos?

Probablemente piense en usted como la clase de persona a la que ocurren las cosas. Quizás piense que no puede hacer nada por ello. Cree que no es lo suficientemente creativo. Se siente en desventaja. Vive con miedo. Siente que no tiene valor. Se ve con oportunidades y opciones limitadas.

Es aquí donde la imagen propia juega su rol.¿Cómo pueden algunos ser confiados, capaces de alcanzar metas, mientras otros siempre se encuentran luchando?

Para muchos de nosotros, no se sabe por qué actuamos de la forma en la que lo hacemos.No está seguro de sus motivaciones en este mundo. Esta imagen propia está influenciada por un número de fuentes.

- Personas con las que compartimos.

Las personas con las que se moldea de forma consciente o inconsciente afectan sobremanera en cómo se ve a sí mismo. Como piensa es cómo se comporta. Cuando pasa mucho tiempo con ciertos individuos, absorbe algunos de sus características. Su forma de pensar y comportamiento. Esto es lo que permite la conexión en los amigos. Puedo asumir que tiene un amigo que, al verlo por primera vez, no tenía nada en común con usted. De hecho, su forma de ser parecía rara. Sin embargo, con el pasar del tiempo, han empezado a emplear las mismas frases. Crean bromas internas que solo ustedes entienden. Esto es un ejemplo de comportamiento automático. Es muy importante considerarlo. Algunas características que absorbemos de nuestros amigos no son útiles.

Me di cuenta de esto en la Universidad, tenía amigos que no tenían novia y hablaban mal y juzgaban a aquellos que sí tenían. Nos moldeamos con aquellos con los que compartimos.

- Los medios que consumimos.

Los libros que leemos. Las películas que vemos. Los canales de televisión que sintonizamos. Nuestras mentes piensan en forma de historias. Todo medio que presenta cosas en historias nos absorbe. Su impacto es masivo. La gente que suele ver comedias tiende a ser relajados y generalmente más vibrantes. No significa que otras películas no sean buenas, sino que lo estimulan de forma diferente.

No es de sorprender que es más sencillo recordar una canción, historia o película que un ensayo por el que le examinarán. O esa fórmula de cálculo correspondiente a ecuaciones exponenciales integrales.

Recuerde, en la universidad; tarareando la canción que escuchó en la fiesta del fin de semana pasado. En medio de una lección tortuosa a mitad del día.

Luego de crear nuestra imagen del mundo y cómo nos comportaremos según la misma, se ven determinados nuestros hábitos y reacciones.Esto deja huella en la forma en la que debemos ser y creamos costumbres.

En este capítulo el énfasis está en las influencias básicas. Si bien no es tan simple como decir que otros influencian su confianza y autoestima, esta sección apunta a la fuente. Puede ir desde incidencias de abandono, privación de amor, o expectativas irreales de sus padres. O los medios pueden llegar a afectar su visión, lo que es bueno o malo.

También puede transformar su visión respecto a la sexualidad, vergüenza, o amplificar sus miedos.

Usted es una criatura de hábitos. Cuando los adquirimos, encontrándolos útiles de una forma u otra, los repetimos. Así cosas que hacemos en el día a día son similares. Cuando creamos una imagen, alineamos nuestros pensamientos y, en consecuencia, nuestras acciones respecto a esa imagen. Los pensamientos que tuvo ayer y los que tiene hoy son virtualmente iguales. El orden puede ser diferente, pero son ciertamente los mismos.

Siendo criaturas de costumbres, esta mentalidad que experimenta en su vida diaria es automática. No puede controlarla. Estas ideas gatillan emociones. Por esta razón pasa gran parte de su tiempo estimulado por ellas. Sentimos las mismas emociones, es algo del día a día. Por ello, cuando generalmente siente inseguridad y miedo, puede sentirlo en todas partes sin importar lo que hace.

Cómo los pensamientos negativos se expresan en sus mentes

Las historias que nos contamos

Cuando experimenta pensamientos, siente emociones. Algunas agradables y otras incómodas. Las que más nos preocupan son estas últimas, como miedo, inquietud, frustración y pesimismo. Si muchas de estas inundan su mente durante el día, semana o mes, tienden a definir su nueva realidad. Distorsionan lo que cree que es su imagen. Acepta la historia. Comienza a limitar lo que es posible en su vida. Estas emociones y pensamientos están correlacionados directamente a su autoconfianza o autoestima.La mentalidad negativa en sí no es el problema. La cuestión es que causan emociones que acentúan y crean duda en nosotros mismos. Nos hacen cuestionarnos. Que no estamos equipados adecuadamente para manejar las tareas o situaciones en las que nos encontramos. Cuando percibimos nuestra habilidad como inadecuada, nos congelamos. Nos paralizamos.

Piense en el momento en que sentía que

poseía la habilidad para hacer algo. Puede que haya experimentado miedo y duda, pero siguió adelante.

Digamos que tiene que hacer una presentación. Se siente nervioso. Esto generalmente toma forma de preocupación. Los pensamientos que automáticamente nacen son, por ejemplo, "voy a hacer el ridículo." Crea excusas para no entrar en acción, como "no estoy preparado."

Cuando estas emociones surgen, su comportamiento se ve afectado. Puede paralizarse, no ser capaz de pararse frente al micrófono. Puede acelerar la presentación. Hablar muy rápido o muy bajo. Puede que se dé cuenta de que la falta de autoconfianza no le permitirá aprovechar las oportunidades que tiene en frente. Este fue sólo un ejemplo de lo que puede ocurrir. Sin embargo, no es la única situación. Puede causarle procrastinación, racionalizar por qué no debe hacer algo. Crea demasiados escenarios de "y si..." Si se ve diciendo o pensando en estas palabras, es porque ha llegado a un momento crítico y nada bueno saldrá de decir dicha frase.

No más... "y si..."

¿Qué no hacer?

"Me he preocupado de muchas cosas en mi vida, y la gran mayoría nunca ocurrió." - Mark Twain

El dolor es parte de la vida, pero el sufrimiento es auto inducido.

La mente humana es muy interesante; puede crear sufrimiento donde no existe. Imagine todo lo que alguna vez le ha preocupado. Probablemente muchas de esas cosas no se hicieron realidad. Aun cuando lo fueron, ¿fue tan doloroso como lo anticipó? Puedo apostar que no. La preocupación es una forma de sufrimiento auto inducido.

Antes de indagar exactamente en las cosas que hará para vivir de forma empoderada, quiero destacar algunos obstáculos que puede encontrar. Lo que quiero que sepa de ellos es que, todos apuntan a algo específico: gratificación instantánea. Desechar ese sentimiento desagradable de esforzarse fuera de la zona de confort. Entenderlos le permitirá esquivarlos. Mientras lee este libro, es muy importante que tome nota de lo que resuena con usted y ocupe el libro de trabajo proporcionado al final. Es su guía fundamental para asegurarse de apuntar a todas estas áreas.

- Quejarse

Asumo que en algún momento se ha visto envuelto en una discusión con un ser querido. Quizás fue un amigo o hermano. O, se ha dado cuenta de que se queja de hasta las cosas más insignificantes. ¿Qué pasó después? En ambos casos probablemente ocupó los minutos, horas o días siguientes repitiendo dichas conversaciones en su cabeza. Debatiendo si tuvo razón o no, justificando sus acciones. Lo que ha hecho es entregar su poder a la persona con quien discutió. Le ha dejado afectar sus emociones y comportamiento. Cuando se queja constantemente, comete un robo contra su persona. Se quita la habilidad de ver todo desde una perspectiva objetiva y se cierra a las posibles soluciones. No digo que debe dejar que otros hagan lo que les plazca, sino que si usted se toma algo de tiempo para tomar distancia de la situación, puede ver un sinnúmero de soluciones. El punto importante es que no debe quejarse. Creará un talento para sopesar ideas. Ahora que no puede protestar, su mente le permitirá establecer soluciones.

- Esquivar la responsabilidad – Mentalidad del 100%/Dejar las cosas a medias

Asumo que este no es el primer libro que le dice que debe tomar responsabilidad por su vida.Lo más probable es que si está leyendo esto, lo ha visto antes.Así que aquí estamos. Hay una metáfora que viene a la mente respecto al 100% de responsabilidad.***Ningún hombre en un caballo blanco vendrá a su rescate.***Amo esta metáfora porque abarca todo en la vida. Usted es el creador de su existencia. Si tiene problemas en un ámbito de su vida, es porque no ha hecho lo que necesita para tener algo mejor. Debe ganar contra estos conflictos. Puedo escucharlo decir "pero… (**Añada lo que quiera**…)." Está actuando como la víctima. Recuerde que queremos transformarlo en el conductor, la causa de que las cosas sucedan. No existe alguien que llegue a entregarle dinero, otorgarle un trabajo, permitirle encontrar a su pareja soñada, manejarle sus pensamientos. Debe hacerlo por su cuenta.

- Aprender a verse Indefenso/Justificar

Si en algún momento se describió como "***pobre de mí, soy…y…eso.***", nos encontramos con una mentalidad de víctima. Una vez llega a esta fase, es probable que haya pasado por las dos anteriores. Se ha quejado y no ha hecho algo por ello. Está esperando al hombre del caballo blanco para salvarle. La peor parte de aferrarse a eso es que este hombre no sabe dónde encontrarle (hahaha…) Esto invade otras áreas de su vida, transformándose en una espiral. Si lucha con sus emociones, existe una gran posibilidad de que no tiene confianza, no tiene salud, sus relaciones son malas y no está teniendo una vida decente. Justificarse es rendirse. Está buscando excusas para que las cosas estén como están. Se dice así mismo que tiene sobrepeso por su genética. Que no tiene tiempo. Mientras más repite estas historias, más grabadas quedan en su subconsciente. Para cambiar en 180°, es importante que deje de quejarse y enfocar la culpa en otros. Es ahí donde debe tener el 100% de responsabilidad. Estas dos cosas, ser responsable y dejar de quejarse, son reglas de oro. Y usted está hecho de oro.

- Mentalidad del Todo o Nada

Muchos piensan que luego de leer un libro como este o escuchar un audio con estas enseñanzas, pueden cambiar inmediatamente. Si fuese ese el caso, muchas más personas dejarían de fumar, irían al gimnasio, o renacerían. Pero para ver todo desde la perspectiva correcta, debe estar en sintonía con su vida.

Introduzca cambios en diferentes áreas. Imagine a un mesero en un salón lujoso que está intentando dejar de fumar pero tiene a cargo pipas de agua o Shishas. Luego de obtener ideas para mentalizar el dejarlo, tiene que buscar cómo manejar la tentación en el área en la que trabaja. Toda circunstancia puede ser diferente, pero las soluciones son universales. Tome control de su entorno, y llevará la mitad del camino recorrido. Toma 30 días el crear un nuevo hábito y disfrutarlo. Eso solo si ha dominado cosas como su entorno y está intentando tener iniciativa.

- Adicción al conflicto / Miedo al éxito

Sí, leyó bien. Es un concepto estúpido, y yo también lo odio. Así como la mentalidad del 100%, aparece en casi todo libro que he leído. Quizás ha hecho un esfuerzo en cambiar, pero no ve los resultados. Es el momento de enfocarse y ser brutalmente honesto con usted mismo. No quiere hacer los cambios. Hay un tipo de recompensa que sabe que obtendrá si no hace los cambios necesarios. En nuestro caso, es más el dolor que usted asocia al proceso de hacer cambios. Una cosa es escribir o planear lo que queremos. Pero seguir dicho plan y ejecutarlo no es tan simple. Todos sabemos que debemos ahorrar, que debemos invertir, que somos adultos pero de alguna forma no cumplimos con ello. No es que no queramos, es que tenemos miedo de no ser capaces de aguantar el proceso o llegar a la meta.

- El mito de que el éxito debería ser sencillo de obtener

Usualmente cuando se embarca para llegar a una meta, experimentará muchas dudas. Puede que se pregunte si es algo que realmente desea hacer. Muchas personas se han visto seducidas por comerciales y campañas publicitarias en televisión o radio que les dicen que es fácil. Las películas le dicen que todo llegará de forma rápida e inmediata. Y si eso no sucede, cree no ser lo suficientemente bueno. O peor, que está haciendo todo mal. Digamos que empieza un negocio, pero luego de dos meses no ha vendido. Esto puede ser una excusa para rendirse, pero debería transformarse en un desafío para resolver el por qué de esa falta de ventas.

Cómo adoptar esta actitud hoy.

"La única Verdad es que usted decide cómo ver las cosas."

David Foster Wallace

Sé que quiere llegar a la parte de las instrucciones, llegaremos a eso pronto. Probablemente piense que será difícil, pero quiero intentar hacerlo sencillo para usted. Primero, le entregaré herramientas con efectos a corto plazo. Estas le permitirán crear momentum y cambiar su vida. Lo interesante es que gran mayoría de estas ya han sido mencionadas en el libro.

Ahora, dejemos algo claro. Nuestras mentes son capaces de esconder la verdad. No quiere pensar positivo. Sí, leyó bien. Tampoco quiere controlar su pesimismo, ni deshacerse de ciertas emociones. Lo único que desea es entenderse, el obtener el valor para alcanzar una meta, a pesar de sus dudas y limitaciones. Muchas soluciones para pensar positivo no son exactamente ser más optimista o tener menos pensamientos negativos, sino que aprender a lidiar con usted de forma más profunda. ¿Cómo manejar sus inseguridades? ¿Cómo manejar el no tener control sobre las cosas? A esto se le llama buscar comodidad en la incomodidad, y dar el primer paso de forma valiente hacia lo que desea en su vida. Sin más preámbulos:

- Aceptarse

Para enfocarse en los resultados que desea obtener en su vida, debe primero aceptar y apreciarse como es. Es un ser humano, con inseguridades, miedos y limitaciones autoimpuestas. Aceptarse es saber que lo que es, es. Lo que no, no. Muchas dudas y pensamientos negativos son causados por sentir y tener la idea de que tiene una posición menos privilegiada. Nos comparamos con otros y nos hace sentir insuficientes. Esto nos hace dudar de cuánto queremos lograr. Debe cambiar esta mentalidad para mejorar otras áreas de su vida. Acepte que está donde está, y desde ahí deberá empezar. No existen atajos.

- Tome Responsabilidad

Aceptarse le liberará de muchas preocupaciones. Le dará el poder de saber que solo usted puede decidir qué es importante en su vida. Es liberador saber que solo usted puede esforzarse para hacer cualquier cosa posible.Ser responsable le convertirá en su propio caballero en caballo blanco que llegará a salvarle.

- No tome todo con tanta seriedad

Quiero que se mire al espejo. Haga una cara graciosa. Puede sonar tonto, pero confíe en mi. Relaje su rostro.

¿Cómo se siente? Debe relajarse. Aprenda a sonreír todos los días. Sonreír y soltar carcajadas liberará tensiones en su rostro y cuerpo. Ser capaz de conjurar una sonrisa sin importar lo que suceda le permitirá saber que todo estará bien..

- Visualizar

Esto le permitirá aclarar y dar dirección a lo que valora. Quiero que se siente, abra Google. Imagine todo lo que quiere tener, cómo quiere verse, y cómo quiere sentirse.

Escríbalo en la barra de búsqueda y vea imágenes. Ahora, descargue todas aquellas que capturen exactamente lo que desea tener, ser, sentir y lograr. Cree un mosaico con ellas. Si no puede accesar a Google, ocupe una revista o periódico, y cree un collage en su pared. Crear este cuadro le ayudará a enfocarse en sus metas y no dejar espacio a sentimientos negativos.

Todos los días deberá observar este cuadro. Hágalo hasta que sienta que merece todo lo que lo conforma. No más excusas, no es difícil. Sólo observe su collage, toque las imágenes y diga "merezco todo esto." Cada mañana al levantarse, y cada noche al ir a dormir.

- Observar su mente

Cuando nuestras mentes se ausentan, lo podemos sentir. Sentimos cuando nuestra energía disminuye. Sabemos cuándo experimentamos dudas. Sabemos cuándo nuestras mentes pasan por una encrucijada. La mejor forma de vigilarla es definir ficción de realidad en nuestras emociones. Por ejemplo, si siente temor, debe preguntarse si tiene miedo o si piensa que lo está teniendo. Muchas veces, las cosas que realmente deben asustarnos no esperan a que las racionalicemos. Cuando algo es una amenaza, solo actuamos. Imagine que está en medio del camino y un camión gigante viene hacia usted. ¿Acaso espera y racionaliza si lo matará o no? Probablemente no. Sólo actúa saliendo de su camino. De la misma forma, si se encuentra racionalizando estas emociones de preocupación, miedo y duda, u otras, debe entender que son parte de su imaginación activa. Puede que su mente sea la que está haciendo dicha conexión.

- Afirmaciones

En este ejercicio, queremos liberar la mente de dudas. Necesitamos reafirmar que somos suficientes. Sólo tome cinco minutos en la mañana y cinco antes de dormir, y medite en todo lo que ha hecho bien cada día para hacer una diferencia en su vida. Entenderá que a pesar de que ayer no fue perfecto, existieron pequeñas victorias que logró hoy y que aún sigue vivo.

Quiero que escriba cada mañana
Soy 100% responsable por mi éxito en... (Escriba lo que sea que quiere lograr) y también soy responsable de crear oportunidades para llegar a ese éxito.

Escriba esto cada mañana y tarde. Luego de algunas semanas se sentirá empoderado, y querrá pagarme 100 dólares por este consejo.

- Tener un diario de éxitos

La mejor forma de cumplir una meta es escribiendo su progreso. Cada aspecto, éxitos y fallas que lleven a ella. Esto crea el estado mental positivo. Le permite revivir su día sin la conexión emocional. Le permite ver los espectros de la vida desde una perspectiva externa, sin la presión. Mientras escribe, tome en cuenta que está enfocándose en identificar los goles que quería lograr ese día y si los cumplió o no. Al hacer esto su mente le mostrará otras opciones que pudo haber tomado. Así que la próxima vez que ese escenario se presente, estará mejor preparado.

Estrategia a Largo Plazo

Como dije en un principio, el pensamiento positivo es simplemente llegar al nivel en que puede confiar en sí mismo. Lo suficiente como para inspirar coraje para ir tras lo que desea, sin importar los miedos, inseguridades y todas las limitaciones que se autoimpone. No puedo enfatizar lo suficiente que está intentando lograr algo en este juego llamado vida.

Si por el contrario ha experimentado problemas psicológicos (como traumas y fobias excesivas), no quiero dejarlo de lado, pero le pido buscar ayuda profesional de un psiquiatra, terapeuta o consejero. Sé cuán profundos estos problemas pueden ser; y no es la intención hacer de su situación algo ligero. Puede leer esta sección, y es probable que necesite esta lectura luego de sus sesiones.

Luego de mencionar eso, las estrategias de esta sección son a largo plazo. Qué es lo que debe hacer para crear un escenario de éxito asegurado. Están basadas en crear el

entorno ideal.
- Programa de Autoayuda

Si siente que su mente y pensamientos le impiden empezar con el camino para alcanzar el éxito, probablemente quiera unirse a un programa de tutoría, con el fin de eliminar preocupaciones y dudas, y crear esa confianza que busca. Encuentre a un buen mentor que le guíe para efectuar estos cambios. Existen dos beneficios.

1. Hace inevitable el realizar los ejercicios que le den, ya que debe mantener un ritmo y no se trata de solo usted.
2. Tiene a alguien que supervisará cómo avanza y le criticará constructivamente.

Debe acercarse a un tutor en el área que le aqueja. Generalmente tienen un programa que puede ayudarle con cualquier desafío. De no ser así, pueden crear uno para satisfacer su necesidad. Puede que le cueste dinero, pero eso es algo bueno. Significa que se comprometerá con la tarea.

- Cree su propio grupo de trabajo

A veces la causa de miedos y dudas en

nuestra vida puede resumirse en ser pasivo y reactivo a ella. Formar su propio grupo le permite entrenar su músculo proactivo. Ser el conductor. Hacer que las cosas sucedan. Este grupo debe ser específico para el área que desea trabajar, reuniendo a un grupo de individuos que la compartan. Es aconsejable que sea la cabeza de este grupo para desenvolverse de forma activa. Puede ser un negocio, o creando dirección para el grupo. Será un líder. Esto le ayudará a crear confianza y habilidad para influenciar.

- Evita el pesimismo

Habíamos mencionado que las personas con las que comparte pueden influenciarle. Generalmente determinan su nivel de ambición. Si tiene amigos que no comparten sus sueños, o no le ofrecen apoyo, es imperativo evitarlos o eliminarlos por completo de su vida. Si bien eludir a los pesimistas puede ser una gran ayuda, recuerde que necesita amistades y otras relaciones. Necesitará buscar aquellos que sí le impulsen. Personas que hagan lo que usted quiere lograr. Personas que puedan enseñarle. Personas que avanzan en el camino de la vida.

Plan de Acción

En esta sección del libro expondré algunas cosas que le permitirán tener éxito en cualquier área de su interés. Les llamo los **SecretosSecretosdelÉxito.**
1. Velocidad de Implementación
2. El Momentum
3. El Área Intermedia
4. Persistencia
5. Autoanálisis

Estas cinco comprenden los Secretos Secretos del Éxito.

- Velocidad de Implementación.

Ahora que ha leído un libro que define cómo trazar su camino al éxito, probablemente esté pensando 'sí, fantástico, ahora sé qué hacer, patearé traseros, definitivamente comenzaré mañana.' Este primer secreto habla de cuán pronto implementa las ideas. Mientras más pronto, más rápido podrá ver las diferencias, y más fácil será la adaptación de su mente al cambio.

Ahora, escriba exactamente lo que cree que está impidiendo que alcance el éxito.

- El Momentum

Cuando está en una racha ganadora, sigue ganando. El año pasado, 2014, un club de football sorprendió a todos. Se trataba del Atlético Madrid, un club de la capital Española. Puede que sean un equipo promedio, pero el año pasado derrotaron a todos los equipos que se cruzaron en su camino, ganaron la liga, otra copa, y fueron subcampeones del mayor torneo en Europa: la Champion's League. Empezaron con una victoria, y luego las acumularon hasta que se sintieron tan seguros de su habilidad para ganar, que sin importar el oponente, salían victoriosos.

Una vez empieza a ser victorioso, nunca se detiene, sólo sigue ganando.

El Área Intermedia.

Me refiero a esto como el Área Intermedia o Área Gris, pues es en este espacio donde se ganan todas las batallas, donde nacen los negocios, donde se baja de peso. Este es el periodo en el que siente que pierde control de la situación, en el que quiere lograr algo pero no sabe si tendrá resultados o no. De hecho, deja de ver resultados. Esta área le hará exitoso. Cuando sienta que debe rendirse, piense en este espacio y luego siga adelante.

Persistencia.

Relacionada al área gris es la idea de la persistencia. Cuando somos conscientes de un área que queremos cambiar o de hacer las cosas de forma diferente, debemos enfocarnos en crear hábitos nuevos para permitirnos alcanzar nuestra meta. En promedio toma 30 días adaptar un nuevo hábito. Estos le permitirán tener energía para sobrellevar las fases de área gris, y le ayudarán a persistir y hacer cambios en su vida.

Existe un concepto llamado *gravedad del hábito y velocidad de escape.* Esto describe las etapas que se deben seguir para dominar un nuevo hábito e incluirlo en la vida.

Desafiando la gravedad del hábito (0-10) Días

Entre el día cero y diez, cuando recién sabe lo que debe hacer, está motivado y ansioso. Sin embargo, para iniciar el cambio en los primeros días, tendrá que forzarse a realizarlo. Irá en contra de la gravedad de su hábito usual.

Resistencia (10-20) Días

En esta fase, está dejando poco a poco la oposición, pero aún hay resistencia para adaptar el hábito. No es tan activa como la que experimentó en un principio, pero sigue ahí.

Aprobación (20-30) Días

En esta etapa, el cuerpo y la mente se han acostumbrado al nuevo hábito. Lo aceptan. Deja de sentir la misma resistencia, y se transforma en el nuevo método de hacer las cosas.

¿Por qué es importante entenderlo?

Es importante pues le permitirá entender que, para cambiar sus hábitos y resultados, deberá invertir tiempo. Como puede ver, el mínimo es 30 Días. Antes de terminar este periodo, no debe concluir que no obtendrá resultados.

A veces, estas etapas podrían resultar más largas, sin embargo, siguen siendo la fórmula para cambiar cualquier cosa en su vida.

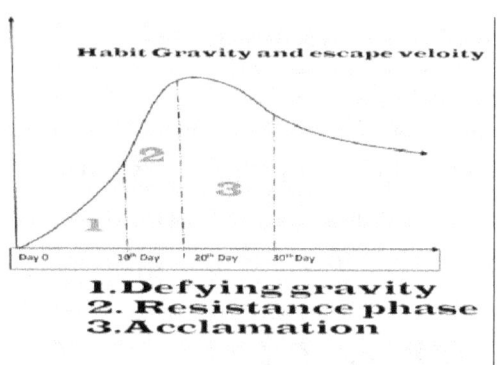

Si bien creo que dominar esto requiere al

menos otros 60 días, una vez alcance el día 30 logrará ver beneficios de la actividad.

Libro de Trabajo

Comienzo Rápido – Hoja de Trucos para Momentum

1. Escribe todo lo que quieres lograr en la vida. Todo.
   ....
   ....
   ....
   ....
   ....
   ....

2. Wow, son muchas cosas, ambicioso bastardo. Pero no te preocupes. Puedes volver a hacer el ejercicio por cada una. Quiero que elijas una o dos y las exploraremos.

   ....
   ....
   ....

....
....
....
....
....
....

3. Escribe lo que está evitando que alcances estas metas.

....
....
....
....
....
....
....
....
....

4. ¿Cuáles de las que has mencionado están fuera de tu control? Cosas que no puedes influenciar, ni hacer algo por ellas. Por ejemplo, mala economía, un jefe que no te da tiempo libre, tus padres, falta de dinero, etc. Ahoraborraestalista y olvídala.

5. ¿Cuál de las que has mencionado puedes controlar? Cosas que puedes cambiar, que implican tu comportamiento. Por ejemplo, la forma en la que ocupas tu tiempo, habilidades que debes aprender para triunfar, tus pasiones, personas a las que te puedas acercar para pedirles ayuda, etc. Básicamente las cosas que sabes que podrías hacer mejor, la zona de confort de la que puedes salir.

……………………………………………………………
……………………………………………………………
……………………………………………………………
……………………………………………………………
……………………………………………………………
……………………………………………………………
………………

Estas son las áreas en las que trabajaremos.

6. Imagina todos los escenarios negativos que pueden ocurrir si decides seguir

adelante con lo que deseas hacer. Escríbelostodos.

Si..
....

Si..
....

Si..
....

Si..
....

Si..
....

Ahora vuelve a leer esa lista. Quiero que agregues un…Y…al principio de cada oración. Luego, responde todas y cada una de ellas.

Porejemplo;

Si postulo a ese trabajo y no lo obtengo…

Ysi postulo a ese trabajo y no lo

obtengo...*siempre puedo postular a otro.*

Si no soy bueno para esto...

Y*si no soy bueno para esto...**lo seré para otra cosa.***

La esencia de este ejercicio es no dejar que tu miedo dicte tus decisiones.

7. La prueba de la Ilusión del Yo Puedo

Puedo perder peso si quiero………………………………………………

Puedo ser un mejor jefe………………………………………………

Puedo empezar un negocio si quiero……………………………………

Puedo obtener buenas calificaciones si quiero……………………………………

Puedo…. (Inserta cualquier cosa que podrías hacer si quieres)…………………

Si cualquiera de estas opciones ha cruzado tu mente, entonces estás viviendo una fantasía. Eso es validación falsa, y un círculo vicioso.

De ahora en adelante, en vez de "Yo Puedo", empieza a hacer las cosas.

8. La Prueba de tus Valores

Quieroque tomes unahoja de papel en blanco.
Dibuja una línea vertical en medio.
Dibuja otras 3 líneas perpendiculares, para formar 8 cuadros.
Dobla el papel en la línea vertical.
Quedarán 4 cuadrados en frente y 4 detrás.
Escribe el nombre de alguien que detestes.
Odiastodo de esa persona.
En los cuadros bajo su nombre, escribe tres cosas o características que odias de esa persona.
Da vuelta el papel y escribe el nombre de una persona que admires. Tumodelo a

seguir.

- Escribe tres valores o características que te agradan de esa persona.

Ahora estira el papel y observa. Es ahí donde encontrarás tus valores. El lado de la persona que admiras indica lo que consideras ser alguien íntegro. Es lo que deseas ser.

En el lado de la persona que odias, las características escritas son aquellas que quieres eliminar de ti mismo. Sólo te sentirás completo una vez lo hagas.

La persona con los valores que te agradan representa tus ideales, aquellos que definen tu verdadero Yo.

Conclusión

"En la vida todo lo que podemos esperar conocer es la verdad de nosotros mismos. Es la únicaverdad."

Lo único que realmente importa es que forje su propio camino.Que todos los días pueda despertar emocionado para participar de este hermoso juego llamado vida.Le doy permiso para cincelar su propia manera de llegar a ser una persona completa.Acepte el desafío y sorpréndase a sí mismo cada día.

Parte 2

Introducción

Algunos críticos han descartado el pensamiento positivo como una teoría del pastel en el cielo sin ninguna base en la realidad. Sin embargo, el pensamiento positivo se ha estudiado científicamente y se ha demostrado que conduce a mayores ingresos, satisfacción conyugal, vida más larga y mejor salud.[i]Es difícil ignorar los hechos. El pensamiento positivo es real, y puede cambiar tu vida.

Este libro busca explorar el pensamiento positivo a través de la visualización, eliminando la energía negativa, utilizando el recurso del tiempo de manera eficiente y discutiendo cómo el dolor y los contratiempos que todos experimentamos se pueden ver y usar para siempre.

---

[i]Fredrickson BL, Cohn MA, Coffey KA, Pek

J, Finkel SM. Open Hearts Build Lives: Positive Emotions, Induced Through Loving-Kindness Meditation, Build Consequential Personal Resources. *Journal of personality and social psychology*. 2008;95(5):1045-1062. doi:10.1037/a0013262.

Vive Para El Mañana

La ley de la atracción dice que atraemos personas, situaciones, circunstancias y posesiones de lo que pensamos la mayor parte del tiempo. Si lo que te enfocas es "bueno" o "malo" no importa. Si estás pensando en ello, se manifestará en tu vida. Si lo piensas, esto tiene sentido. ¿Con qué comienza cada acción que tomas en tu vida? ¡Un pensamiento! Creo que iré por una taza de café. Ese es el comienzo de manifestar tu taza de café. Piensas en qué tipo de auto conseguir, piensas con quién te gustaría tener una cita. Las circunstancias de tu vida empezaron con un pensamiento.

Tu subconsciente es poderoso y no distingue la realidad y la fantasía como lo hace su mente despierta y consciente. Si le dices a tu mente "Soy pobre" o "Soy débil", tu mente lo creerá y actuará en consecuencia. Tu mente está a cargo de asignar recursos, producir sentimientos, iniciar acciones y más. Si tu mente cree un pensamiento negativo, se comportará como si ese pensamiento fuera realidad y actuara sobre él. Discutiremos la energía negativa en un capítulo posterior, así que dejemos eso de lado por ahora.

Volviendo al ejemplo de ser débil, imagina que eres fuerte. No te concentres en lo pequeño que eres, o en cómo tus brazos no son tan grandes como te gustaría, o en cómo tienes muchas áreas en las que te gustaría convertir la grasa en músculo. Eso solo reforzará la creencia de tu mente en esas características, y tu mente producirá acciones congruentes con esas creencias. En cambio, dile a tu mente que eres fuerte. Concentratu energía en maneras de volverte más fuerte, técnicas para levantar más peso y si haces estas cosas con fe, y tomas medidas para respaldar estas creencias, un día verás la manifestación: serás más fuerte.

Esto va para todas las áreas de la vida. Decide quién quieres ser. Imagina en detalle cómo sería eso. Mírate a ti mismo como una nueva persona. Dale a esa nueva persona un vestuario que refleje la vida que deseas. "Observa" a este nuevo tú, usando el ojo de tu mente, pasando por un día típico. Visualiza despertar, ¿qué ves? ¿Qué comes en el desayuno, cómo es tu casa? ¿Cómo empezarás tu día? ¿En qué trabajas? Visualiza todas las actividades que tu nuevo yo haría en un día típico. ¿Te ves en el gimnasio, fuerte, cortante y capaz de romper tu propio récord? ¿Te ves con los clientes, cerrando una gran venta? ¿Te ves conduciendo tu vehículo o camioneta de lujo favorito?

Imagina la escena como si ya fuera tu vida,

como si ya hubieras llegado. Ponte cómodo allí. Pasa un tiempo como tu nuevo yo. Profundiza en los detalles. Cree que esta es tu vida ahora. Es tu verdad, así que acostúmbrate. Deberías estar cómodo como el nuevo yo, así que dedica un tiempo a desarrollar esto.

Un hombre que ha manifestado el éxito en su ser es el Campeón de peso pluma de UFC Conor McGregor.

"Si puedes verlo aquí y tienes el coraje suficiente para hablarlo, sucederá." – Conor McGregor [i]

McGregor usa la visualización para manifestar el éxito, las circunstancias y las posesiones en su vida. Dijo que simplemente se lo imagina, como un niño imaginaría cosas creyendo que son reales. Dio un ejemplo de un momento en el que tenía dificultades financieras, y estaba conduciendo un auto tembloroso y desvencijado, visualizó conducir un auto nuevo. Él cree que la ley de la atracción funciona mejor cuando creemos, incluso cuando actualmente estamos luchando porque es más difícil hacerlo durante una lucha. [Ii] Hoy en día sí posee varios vehículos nuevos muy buenos.

No uses la palabra o el concepto de "querer" en tu visualización. No digas "Quiero un hogar hermoso". Esto manifestará "falta" en tu vida, no el objeto de la necesidad. En su lugar, visualiza la casa, y más importante, pasa tiempo allí. Es TU casa, ¿verdad? Mírate allí disfrutando de todos los detalles de calidad que tiene tu casa.

Aprende De Tu Dolor

Reconoce los errores y aprende de ellos para que no los repitas.

¿Qué papel estoy jugando en esta situación? No te veas como la víctima. Ve tu parte en ella para que puedas cambiarla. Vive desde la perspectiva del autoempoderamiento. Ser una víctima le da a "otros" el poder.

Cambia de pensamiento de víctima a ver tus circunstancias como un reflejo de tu estado interno. El dolor puede hacer que estemos conscientes de la mentalidad de una víctima. Es importante conocer y perder la mentalidad de víctima, ya que esta mentalidad te limita y te hace impotente. Recupera tu poder.

Un lugar de donde proviene la emoción, incluida la emoción del dolor, es la experiencia pasada. Es importante estar consciente de esto porque, para cambiar esta dinámica, el primer paso es identificar el incidente o incidentes y la emoción que evocan en ti.

Un estudio demostró que sientes emociones antes de que puedas procesar el incidente que causó la emoción. [I] Esto se debe a que la mente subconsciente te proporciona esa emoción y tu mente consciente necesita más tiempo para recuperarse. Así que primerosentimos antes de pensar. Ese es un pensamiento serio. Pero como verás, tener este conocimiento te dará poder.

Cuando sientes la emoción del dolor o una emoción negativa similar, como la ira, la duda, la impotencia de inferioridad, es porque tu mente subconsciente asocia el evento que acabas de experimentar con un evento similar en tu pasado y te da la sensación de la misma sensación que tuviste durante el pasado. El evento original.

La causa del dolor puede ser compleja. Es posible que tu mente consciente no pueda comprender por qué el incidente actual causó la emoción negativa. Tu mente consciente busca la causa fuera de ti. Esto es similar a tener una mentalidad de víctima porque si la causa está fuera de nosotros, no tenemos poder sobre ella.

La causa real de la emoción está dentro. Ya

que técnicamente, los eventos son neutrales, la causa debe estar dentro. Considera esto. Diez personas experimentan el mismo evento, y lo que obtienes son diez emociones diferentes, dado que algunas son similares. Cada una de las diez personas tiene su propio conjunto de experiencias de vida utilizadas para asignar emociones a ese evento en particular.

Estas emociones dolorosas existen dentro de ti como parte de tu sistema de creencias. Este daño existe dentro de ti y de esta manera, el dolor es útil porque señala el daño, y una vez que sepas dónde se encuentra el daño, puede comenzar a repararlo.

Si no arreglas el daño, el evento actual actuará para fortalecer la respuesta del dolor a eventos similares. Si no manejas el daño, continuará atrayendo personas y situaciones que causan emociones dolorosas. Siéntete agradecido por estas emociones negativas porque si no las tuviéramos, no nos daríamos cuenta de que había daños y no podríamos repararlos.

Muchas veces, son las personas más cercanas a nosotros, las personas que nos importan y atraen a nuestras vidas las que están involucradas en estos eventos que nos causan dolor. En general, las personas que cuidamos y que nos cuidan no pretenden hacer daño. Ellos no quieren lastimarte. Si lo quieren, entonces esto no se aplica, y debería tomarse un tiempo para evaluar sus relaciones. Pero aparte de eso, muchas veces la persona o el evento que causó tu emoción negativa no fue realmente diseñado para hacerte daño.

Considera este ejemplo. Fuera de forma, un hombre de mediana edad se une a un gimnasio y va a su primer entrenamiento. Llega con una camiseta blanca para cubrir sus rollos y su creciente barriga cervecera. Se dirige a las máquinas de pesas y ve a un amigo cercano que recientemente ha perdido peso y se ha vuelto musculoso, levantando mucho más de lo que puede en ese momento. El hombre en ese momento se siente inferior, creyendo que su amigo es mejor que él, y se siente impotente al creer que no puede levantar el mismo peso que su amigo. El amigo en el gimnasio no es la causa de sus emociones. La causa está dentro. Sus amigos tienen buenas intenciones y les gustaría ayudar, pero existen las emociones negativas.

Este dolor no puede ser evitado. No se puede esperar que las personas que parecen causarlo cambien para que no sientas el dolor. Lo que debe hacer es reconocer la causa del dolor que está profundamente dentro de nosotros y curarlo, para que el dolor no vuelva a aparecer una y otra vez.

---

[i] Chun Siong Soon, Marcel Brass, Hans-Jochen Heinze & John-Dylan Haynes, "Unconscious Determinants of Free

Decisions in the Human Brain." Nature Neuroscience, April 13th, 2008

http://citeseerx.ist.psu.edu/viewdoc/download?doi=10.1.1.520.2204&rep=rep1&type=pdf

Reivindica La Energía Negativa

El Pensamiento Negativo y sus Efectos en tu Mente

Imagina que estás conduciendo por la autopista y el auto que está delante de ti comienza a cola de pescado, con bastante severidad. Crees que va a perder completamente el control de su vehículo. El problema es que tienes un semirremolque a tu izquierda, y además, no sabes dónde terminará este auto una vez que esté fuera de control. En este punto estás temeroso. Lleno de miedo.

Ese miedo causa un alto nivel de enfoque. Solo tienes una cosa en mente: cómo evitar un accidente catastrófico. En este caso, el miedo es útil porque necesitas el miedo para estar enfocado. Pero muchas veces el miedo, la ira y otros pensamientos negativos son perjudiciales. ¿Por qué? Bueno, son dañinos porque muchas veces el pensamiento en sí es innecesario, pero nuestra mente responde al pensamiento como lo haría si fuera necesario, como lo fue en el escenario del accidente de automóvil descrito anteriormente. Nuestra mente reacciona a estas emociones enfocando nuestra atención exclusivamente en el problema o incidente y cerrando las oportunidades y los beneficios del pensamiento positivo. Si bien el enfoque causado por el pensamiento negativo puede ser útil en una verdadera emergencia, es perjudicial en otros lugares.

La triste paradoja es que los pensamientos

negativos nos hacen enfocarnos aún más en lo negativo cuando nuestra mente trata de resolverlo. Nuestra mente está tratando de "evitar el accidente" con cada pensamiento negativo que evocamos. Imagina tener una fecha límite para un proyecto importante en el trabajo mañana. Vienes a casa para terminar el proyecto, pero cuando llegas a casa, descubres que el matón de la escuela maltrató a tu hijo, y él fue reprendido por pelear en la escuela. Estás furioso con la escuela y con el matón. Tu estás aprovechando este pensamiento negativo y no puedes centrarse en el proyecto de trabajo. Debido a que no pudiste concentrarte, no pudiste completar el proyecto y no cumpliste con la fecha límite, lo que dejó a varios compañeros de trabajo en el proceso.

El pensamiento negativo es perjudicial debido a la forma en que actúa en tu mente, cerrando los pensamientos positivos y todos los beneficios obtenidos por el pensamiento positivo.

El Pensamiento Positivo y sus Efectos en tu Mente

El estudio citado en el párrafo de introducción de este libro establece que, si bien el pensamiento negativo restringe nuestro pensamiento, el pensamiento positivo amplía nuestro pensamiento. El pensamiento positivo en realidad produce un funcionamiento óptimo a largo plazo. La alegría crea ganas de jugar y ser creativo. La emoción positiva de interés crea un impulso para explorar, aprender y experimentar cosas nuevas. El contentamiento crea la necesidad de saborear las circunstancias de la vida. El amor, que se cree que es una combinación de emociones positivas, crea la necesidad de jugar, explorar y saborear a nuestros seres queridos.

Si bien los pensamientos negativos, cuando son apropiados, pueden ser útiles en el momento, los pensamientos positivos tienen la capacidad de afectar a una persona a largo plazo al construirse como activos individuales. A través del juego, los jóvenes desarrollan habilidades físicas que se usan más tarde en la vida. El juego también construye vínculos sociales, que benefician al individuo en prácticamente todas las áreas de la vida. Cada emoción positiva realza los activos de los individuos de alguna manera. Pueden mejorar la vida de un individuo física, social, psicológica o intelectualmente. El estudio continuó diciendo que los beneficios del pensamiento positivo son duraderos. Las personas pueden aprovechar los activos ganados mientras piensan positivamente, durante los momentos más difíciles.

Una hipótesis probada durante el estudio fue la capacidad de usar el pensamiento positivo para corregir el daño causado por el pensamiento negativo. Los investigadores pusieron a los sujetos de investigación en una situación que produce ansiedad y que elevó su ritmo cardíaco y su presión arterial. Después de esto, dividieron los temas para ver una película cada uno. Los participantes ven una película que produce alegría, satisfacción, una película neutral o una que produce tristeza. Lo que los investigadores encontraron fue que, si bien ninguna de las películas afectó al sistema cardiovascular sin la prueba de producción de ansiedad, las que se sometieron a la prueba de producción de ansiedad se vieron afectadas por las películas. Quienes vieron las películas por alegría y satisfacción se recuperaron más rápido del aumento de la frecuencia cardíaca y la presión arterial que el grupo de control que vio una película neutral. Los que vieron una película triste después de la prueba de ansiedad se recuperaron más lento que todos los grupos.

Cómo aumentar el pensamiento positivo en tu vida

Recuerda del capítulo anterior que el pensamiento negativo y las emociones no deben simplemente ignorarse o suprimirse, ya que tienen un propósito. Ellos están allí para la curación y el crecimiento. La clave aquí es tratar los problemas que subyacen a los pensamientos negativos. Si no se abordan los problemas subyacentes, no se producirá un cambio duradero. Una vez que se aborda el pensamiento negativo, podemos observar el aumento del pensamiento positivo en nuestra vida.

Pensamiento positivo y nuestra rutina de fitness.

La investigación de la Performance Motora y el Laboratorio de Aprendizaje de UNLV tiene mucho que decir sobre la positividad y la motivación durante los entrenamientos. [yo]

Refuerzo positivo

Una persona que recibe retroalimentación positiva durante un entrenamiento tiene una mayor percepción de competencia, en otras palabras, cree que es buena en el ejercicio por el que recibió una retroalimentación positiva. Tal vez esto explique por qué la cultura de CrossFit, donde los miembros se animan entre sí, es tan popular porque los comentarios positivos motivan a cada miembro.

Los estudios demuestran que cuando un atleta cree que lo está haciendo bien y confía en su rendimiento, esto conduce a un rendimiento y aprendizaje óptimos. Entonces, ¿cómo ayudará esto a los menos confiados o inexpertos? La idea es que necesita rodearse de personas positivas que le den buenos comentarios.

Lo curioso es que estos estudios han demostrado que incluso si la retroalimentación es falsa, el efecto es el mismo, mejora el rendimiento. El estudio comparó la retroalimentación falsa positiva, la no retroalimentación y la negativa. La retroalimentación falsa positiva mejoró el rendimiento más que el promedio y más que ninguna retroalimentación y retroalimentación negativa. Las implicaciones aquí son bastante claras. Evite a las personas negativas y encuentre personas que sean motivadoras y positivas, y haga ejercicio con este tipo de personas.

Tomar la carga

Los estudios también muestran que cuando se nos da una opción, incluso si la elección es algo trivial, tenemos un mejor desempeño y una mejor mentalidad. Como ejemplo, supongamos que alguien en una clase de CrossFit se enfrenta a la posibilidad de saltar a la caja pliométrica. Ahora digamos que el instructor insiste en que la persona salta hacia el lado largo, mientras que la caja es más alta. Ahora digamos que en lugar de que se requiera usar el lado largo, a la persona se le da la opción de usar el lado largo o el lado corto. La persona que tenga la opción tendrá un mejor desempeño y estará menos nerviosa simplemente porque tiene más control. Tener control sobre nuestro entorno es una necesidad tanto psicológica como biológica que mejora nuestro rendimiento. Lo que hay que hacer aquí es entrar en un gimnasio o una situación física donde tenga opciones y control sobre su entrenamiento, tendrá un mejor rendimiento y estará más motivado.

Enfoque fuera

Los estudios también han demostrado que focalizamos en asuntos internos en el deporte. Si nos enfocamos en los movimientos del cuerpo en lugar del resultado del movimiento en sí, tenemos un desempeño más pobre. Como ejemplo, alguien que intente mantener el equilibrio en una plataforma tendrá un mejor desempeño si se le indica que se centre en minimizar los movimientos de la plataforma en lugar de minimizar el movimiento de sus pies, porque el atleta se está enfocando fuera de sí mismo. En el golf, los dardos o el baloncesto, si el atleta se concentra en sus movimientos de la mano o la muñeca, se desempeña peor. Si se centra en la trayectoria o el movimiento del objeto (club, dardo, baloncesto), el rendimiento fue mejor. El estudio dice que cuando nos enfocamos en el cuerpo o los músculos involucrados, involucramos más grupos musculares y nos volvemos menos precisos. Los levantadores de pesas que se enfocaron en el movimiento del brazo se desempeñaron peor que aquellos que se enfocaron en el peso. Esto es algo fascinante. Lo que piensas es poderoso. Tu mentalidad afectará tu entrenamiento, habilidad, motivación y nivel de confianza.

[i] Lewthwaite, R., & Wulf, G. (2010b). Social-comparative feedback affects motor skill learning. Quarterly Journal of Experimental Psychology, 63, 738–749

No descanses en tus laureles

La clave para el crecimiento personal no es volverse complaciente. Estar contento es bueno, significa que sabes que tienes lo que necesitas. Pero para seguir mejorando no debes volverte complaciente. Ser complaciente significa dejar de esforzarte en mejorar. Tal vez has visto algunos éxitos, y como dicen, estás descansando en tus laureles, satisfecho con tu éxito PASADO. La cuestión es que ese es tu pasado y no vivimos en el pasado. Siempre nos dirigimos a algún lugar porque lo único seguro es que la vida es el cambio. Si no avanzamos, es poco probable que nos quedemos en el mismo lugar. Por lo tanto, ningún movimiento hacia adelante significa que probablemente estamos retrocediendo y regalando nuestro éxito pasado.

La complacencia está siendo relajada hasta el punto de estar inactiva. Es renunciar al crecimiento por una seguridad cómoda. Hay algo sobre la comodidad y la seguridad que nos arruina. Es el reto que nos mantiene vitales. Una vez, hubo una compañía de peces que recolectaba peces del océano y los enviaba a largas distancias. Los peces se mantuvieron vivos en tanques para que permanecieran frescos. El problema era que, cuando los peces llegaron al destino, resultó que no tenían el mismo sabor y textura que los peces recién capturados. ¿Por qué? Los peces no tuvieron ningún reto durante sus viajes; no había depredadores en el tanque viajando con ellos. Eran complacientes. El problema se resolvió agregando algunos depredadores a cada tanque. Ahora se requería que los peces estuvieran alertas durante el viaje, y el resultado fue un pescado con mejor sabor y textura. Entonces, ¿qué te está haciendo la complacencia en estos días?

Tus 86400 segundos

Un aspecto importante de dominar su vida

es dominar el uso del tiempo que tiene. Tu tiempo es uno de tus recursos más preciados.

El budista tiene un concepto llamado la encarnación preciosa, que es tu probabilidad de estar vivo. Si lanzas un salvavidas en el océano donde una sola tortuga estaba nadando, tus probabilidades de encarnación son las mismas que las de esa tortuga que aparece con su cabeza en el centro de ese salvavidas en su primer intento. El hecho de que estés vivo es milagroso. Dado que tu encarnación es un evento tan especial, se deduce que tú, tu vida y su propósito son especiales. Hay una razón por la que estás aquí.

Como hay una razón por la que estás aquí, debe haber cosas que debes cumplir. Pero hay un problema. La mayoría de las personas no logran todo lo que podrían. La mayoría de las personas nunca se dan cuenta de su potencial. ¿Porqué es eso? ¡Una de las cosas más grandes que se interponen en el camino de nuestros logros no es otra que NOSOTROS MISMOS! Sí, nos aplazamos. Es una elección, esta dilación. Pero también es impulsado biológicamente. La dilación es también un hábito. Muchas personas sufren de dilación.

Obtener lo que desea es fácil, usted sabe lo que necesita hacer. Si no lo sabe, hay blogs, libros, seminarios y clases que puede tomar para mostrarle el camino paso a paso hacia el éxito. Los programas del instituto de empresas, las personas comienzan las rutinas, cada resolución de Año Nuevo se hace para cambiar nuestras vidas y finalmente obtener lo que queremos. ¿Entonces, cuál es el problema? La dilación es el problema, y la dilación es un hábito. Al igual que cualquier otro hábito que tenemos, se puede romper.

Echemos un vistazo por un momento a la dinámica de la dilación. ¿Cómo nos aplazamos? ¿Cuáles son las cosas que hacemos, cuando deberíamos estar haciendo aquellas que conducen al éxito, y por qué las hacemos?

¿Qué hacemos cuando nos aplazamos? ¿Cuál es nuestra recompensa por demorar? Algunas personas verifican el correo electrónico, navegan por la web, leen artículos en línea, ven una película, conversan durante horas a través de mensajes de texto o cualquier cantidad de distracciones. No es difícil darse cuenta de lo que haces cuando te demoras. Pero tómese un minuto y piense en estas actividades porque las revisaremos en un minuto. Una vez que haya resuelto el "qué haces", podemos pasar a "por qué haces estas cosas".

Entonces, ¿por qué te involucras en estas actividades? Este es el factor de recompensa. Si sacas algo, debe haber alguna recompensa. Por lo general, las cosas que haces son placenteras, entretenidas, fáciles o satisfactorias. Estas "recompensas" refuerzan el comportamiento de la dilación. Por eso es tan difícil salir de la dilación.

Entonces, ¿cómo nos escapamos? ¿Nos obligamos a nosotros mismos? ¿Forzarnos a nosotros mismos a darnos la misma recompensa que las actividades de dilación? No es probable. La fuerza es desagradable y no compromete nuestro sistema de aprendizaje basado en recompensas naturales. Entonces, ¿qué funciona? Debemos encontrar recompensas en NO postergar y encontrar fallas en las actividades de postergación que realizamos.

Para encontrar fallas en las actividades de procrastinación, podemos ver cuánto nos cuestan u otras formas en que son desagradables. Entonces, ¿cuál es el costo de navegar por Facebook o ver videos de YouTube todo el día en lugar de trabajar? Sabes que te cuesta tiempo, que es un recurso precioso. ¿Pero es este conocimiento suficiente para ayudarlo a salir del hábito de la dilación?

Judson Brewer, Director de Investigación para el Centro para Mindfulness, en la UniversidadTy de Massachusetts dice que la clave es la curiosidad. Tener curiosidad acerca de por qué hacemos algo puede ser una recompensa en sí misma. Considera cómo te sientes cuando tienes curiosidad. La curiosidad es naturalmente gratificante. Cuando estamos demorando, Brewer recomienda que NO nos obliguemos a detener el comportamiento. En su lugar, simplemente sea curioso, tenga en cuenta por qué se involucra en el comportamiento. ¿Cuáles son los aspectos negativos y positivos de la conducta?

En el caso de navegar por la web, ¿qué obtienes al pasar una hora publicando y viendo videos? Es entretenido; Usted puede recibir el placer del entretenimiento. Pero también es agotador y pierde el tiempo que podría dedicar a sus metas. Puede notar que comienza a sentirse sin inspiración o agotado mientras participa en las actividades. Después de un período de tiempo más largo, puede que se dé cuenta de todas las otras cosas que necesitaba hacer con ese tiempo.

Brewer dice que la idea es ser consciente del deseo de posponer las cosas. Averigua de qué estás hecho. Conviértete en un investigador de tus propios hábitos. Esta atención llevará al desencanto con la actividad. Su conocimiento de por qué se involucra en la actividad hará que se sienta menos interesado en participar en la dilación.

Usar la conciencia para detener un mal hábito es mucho más efectivo para eliminar el mal hábito que usar la fuerza. La razón es la que activa su sistema de recompensa natural para superar el mal hábito y así poder reemplazarlo por un buen hábito.

El enemigo interno

El enemigo interno en lo que se refiere al rendimiento atlético.

El mismo grupo que realizó los estudios discutidos en el Capítulo 3 también estudió cómo pensar en nuestro propio desempeño durante una actividad degrada nuestro desempeño. Este pensamiento es en cierto modo contrario a la intuición, porque se supone que debemos pensar en nuestro desempeño para mejorarlo.

Los investigadores probaron dos grupos de ex jugadores de béisbol. Estos grupos se dividieron en el grupo "yo" y un grupo de control. Se le pidió al grupo propio que escribiera sobre temas relacionados con su propio desempeño o desempeño anterior. En el medio de la escritura, debían balancearse en las pelotas wiffle y ganar puntos en función de dónde aterrizaron las pelotas wiffle. El grupo de control también se lanzó a las bolas wiffle, pero se les asignaron tareas que no estaban relacionadas con pensar en sí mismos.

El grupo "propio" se desempeñó consistentemente peor que el grupo de control por una cantidad significativa. Los investigadores creen que pensar en uno mismo involucra su "esquema propio".

Este enfoque interno restringe el movimiento y activa un proceso de autorregulación que impone un impuesto sobre su capacidad de rendimiento. El grupo de control no tenía enfoque propio y, por lo tanto, no había activado el esquema del yo. Sus movimientos eran más libres y automáticos.

Conclusión

¡Gracias de nuevo por descargar este libro!

Espero que este libro pueda ayudarlo a ver cómo el pensamiento positivo puede llevarlo a su próximo nivel en la vida.

¡Gracias y buena suerte!

www.ingramcontent.com/pod-product-compliance
Lightning Source LLC
Chambersburg PA
CBHW071911070526
44583CB00016B/1936